Ulrike Seeger & Kornelia Rempfer

Zur Kommunion & Konfirmation

Einladungen, Kerzen, Tischdeko

CREATIV COMPACT

CHRISTOPHORUS

Inhalt

Der besondere Tag

Das Fest der Konfirmation oder Kommunion ist ein ganz besonderer Tag im Leben Ihres Kindes. Er wird als unvergessliches Erlebnis in Erinnerung bleiben und bedarf deshalb einiger sorgfältiger Vorbereitungen. Dieses Buch bietet Ihnen eine Auswahl an festlichen Karten, die durch eine passend gestaltete Kerze ergänzt werden. So entsteht eine harmonisch abgestimmte Dekoration, angefangen bei der Einladungskarte, über die Menü- bzw. Tischkarte bis hin zur selbst verzierten Festtagskerze.

Die Vielfalt der Motive lässt für jeden Geschmack eine Auswahl zu. Sicher wird auch Ihr Kind mitentscheiden, welchen Rahmen das Fest haben soll. Sie finden christliche Motive wie Kelch, Ähren, Taube, Kreuz und Fisch, aber auch Blumenmuster und florale Ornamente.

Mit diesen Themenvorschlägen können Sie auf einfache Art und Weise geschmackvolle Karten und individuelle Kerzen selbst gestalten und so Ihrem Fest einen ganz persönlichen Rahmen geben. Lassen Sie sich von der Vielfalt der Ideen inspirieren!

Wir wünschen Ihnen ein gutes Gelingen und einen besonderen Tag für Ihr Kind und Ihre Familie!

www.Konnys-Kerzen.de

Material & Technik

Karten gestalten

Die beschriebenen Karten werden im Handel als Doppelkarten angeboten oder aus geprägtem Tonpapier (130g/qm), Tonkarton (160g/qm) oder auch Papier (100g/qm) zugeschnitten. Die jeweiligen Maße sind bei den einzelnen Modellen angegeben.

Die Einlegepapiere für Texte können nach eigenem Geschmack, z. B. Transparentpapier oder farbiges Papier, ausgesucht werden. Jedes Einlegepapier sollte etwas kleiner als die Karte zugeschnitten werden.

Hilfsmittel

Bastelunterlage, Cutter, Bleistift, Geodreieck, Zierrand- und Bastelscheren, Falzbein und Lochzange.

Tipps

Alle Papiere, vor allem Transparentpapiere, mit 3 mm starkem, doppelseitigem transparentem Klebeband kleben. Selbstklebende Schriftzeichen, „Peel-off" genannt, am besten mit einer Pinzette vom Bogen abheben und zum Aufkleben auf die Karte am Lineal anlegen.

Übertragen der Vorlage

Motiv vom Vorlagebogen auf Pappe übertragen, die Schablone ausschneiden.

Stempeln mit Embossingtechnik

Stempel sind ideal für die Gestaltung von Karten in größeren Mengen. Benötigt werden dafür ein transparenter Stift oder ein Stempelkissen, Embossingpulver in der gewünschten Farbe und ein Toaster.

1 Die Position des Abdrucks auf der Karte markieren. Den Stempelgummi mehrmals mit dem Stempelkissen betupfen, bis dieser gleichmäßig mit Farbe überzogen ist.

2 Den Stempelabdruck großzügig mit Embossingpulver der gewünschten Farbe bestreuen.

3 Überschüssiges Pulver in die gefaltete Papierunterlage und dann in die Dose zurückschütten. Darauf achten, dass keine Pulverkörnchen außerhalb des Motivs haften, falls doch, diese mit einem Pinsel entfernen.

4 Mit dem Toaster die einpulverisierte Fläche erhitzen, damit sich das Pulver einbrennt. Dafür die Kartenseite mit dem Motiv nach oben über den Toaster halten. Glänzt die Oberfläche, ist der Vorgang beendet.

Kerzen gestalten

Alle verwendeten Materialien sind bei den einzelnen Modellen angegeben. Zur Herstellung der Kerzen benötigen Sie Präzisionsmesser, Bastelunterlage, spitze Nadel, Geodreieck, Lineal, Bleistift und Pinsel.

1 Das auf dem Vorlagebogen abgebildete Motiv auf die Wachsplatte legen und die Konturen mit spitzem Bleistift nachfahren.

2 Den Abdruck mit dem Bastelmesser ausschneiden, für filigrane Teile, z. B. Punkte, eine spitze Nadel benutzen.

3 Das Motiv vom Schutzpapier lösen und auf der Kerze positionieren. Es haftet mithilfe der Handwärme.

Buchstaben und Zahlen sind vorgefertigt erhältlich. Diese können auch aus 1-2 mm breiten Wachsstreifen geformt werden.
Ränder und größere Flächen verschönert man mit Schreibfolie, indem man die Schreibfolie auf das Motiv legt und mit den Fingern darüber fährt. Es entsteht ein leichter Glimmer in Silber oder Gold. Ebenso kann man mit dieser Folie zarte Motive, z. B. Wellen, mithilfe eines Stiftes aufzeichnen.
Zum Schutz das ganze Motiv mit Wachslack bepinseln.

Tipp

Bei hellen Tönen, wie Pink, Orange oder Weiß, die Wachsplatten doppelt auflegen. Die Farben kommen so besser zur Geltung.

Materialangaben „Kerze" S. 6/7

- Kerze in Weiß, 8,5 x 20 cm
- Wachsplatten in Braun, Elfenbein, Weinrot
- Wachsstreifen in Gold, 2 mm
- Buchstaben, Zahlen in Gold, 9 mm
- Schreibfolie in Gold
- Wachslack

Vorlage A

Materialangaben „Kerze" S. 14/15

- Kerze, 20 x 8,5 cm, Indio
- Wachsplatten in Transparent, Blau, Silber-Hologramm, Silber matt
- Wachsstreifen in Silber, 2 mm
- Buchstaben in Silber, 9 mm
- Wachslack

Vorlage E2

Taube mit Zweig

Material

Einladung
- Karte in Rostorange, 15,5 x 15,5 cm
- Prägekarton in Elfenbein, 21 x 15,5 cm
- Transparentpapier „Taube“, 21 x 15,5 cm
- Peel-off „Einladung“, „Zur Konfirmation“ in Gold
- Satinband in Bordeaux, 60 cm
- Zierrandschere

Menükarte
- Karte in Rostorange, 14,8 x 21 cm
- Prägekarton in Elfenbein, 12 x 18 cm
- Transparentpapier „Taube“, 9,5 x 21 cm
- Tonpapierrest in Rostorange, 5,5 x 8 cm
- Stempel „Menü“, „Taube“
- Stempelkissen
- Embossingpulver in Bordeaux
- Satinband in Bordeaux, 85 cm

Tischkarte
- Tonkarton in Rostorange, 7 x 18 cm
- Prägekarton in Elfenbein, 5,5 x 6,5 cm
- Transparentpapier „Taube“, 4,5 x 11 cm
- Tonpapier in Rostorange, 3,5 x 4,5 cm
- Lackstift in Gold

Materialangaben „Kerze“ siehe Seite 5.

Einladung
Den Prägekarton und das Transparentpapier falten, mit einer Zierrandschere den Rand schneiden. Die Papiere der Abbildung entsprechend aufeinander kleben. Den Schriftzug fixieren und das Satinband seitlich verknoten.

Menükarte
Den Prägekarton mittig auf die Doppelkarte aufkleben. Das Transparentpapier darüber anbringen. Den Schriftzug und die Taube mit Embossingtechnik aufstempeln und auf die Karte kleben. Das Satinband um die Karte winden, verknoten.

Tischkarte
Das Papier in der Mitte falten. Alle weiteren Papierzuschnitte nach der Abbildung aufeinander kleben und mit Goldstift beschriften.

Kerze
Eine Platte in Braun, 16 x 7 cm, ausschneiden und auf der Kerze andrücken. Mit goldenen Wachsstreifen umranden. Die elfenbeinfarbene Platte nach Vorlage zuschneiden. Rechts einen 0,5 cm breiten Streifen in Weinrot anlegen. Die Taube doppelt ausschneiden. Die inneren Konturen mit einer Nadel nachritzen. Taube, Buchstaben und Zahlen anbringen. Mit Goldfolie verschönern.

KARIN
10.04.05
MENÜ
Einladung
zur Konfirmation

Material

Einladung

- Prägekarton „Milano" in Gelb, 18 x 21 cm
- Tonpapier in Orange, 6 x 19,5 cm
- Transparentpapier in Weiß, 19,5 x 21 cm
- Transparentpapierrest in Weiß
- Peel-off „Zur Kommunion" in Silber
- Stift in Weiß
- Zierrandschere

Menükarte

- Prägekarton „Milano" in Gelb, 29 x 21 cm
- Tonpapier in Orange, 7 x 20 cm
- Transparentpapier in Weiß, 29,5 x 21 cm
- Transparentpapierrest in Weiß
- Peel-off „Menü"
- Satinkordel in Orange, 75 cm
- Stift in Weiß

Tischkarte

- Prägekarton „Milano" in Gelb, 9,5 x 11 cm
- Transparentpapier, 8 x 5 cm
- Tonpapier in Orange, 8 x 4 cm
- Stift in Weiß

Kerze

- Kerze in Weiß, 20 x 6 cm
- Wachsplatten in Orange, Rosa, Gelb, Gold
- Motiv „Taube" in Weiß

Vorlagen B1, B2

Sonniges Gelb

Einladung

Das gelbe Papier so falten, dass die Vorderseite der Karte 8,5 cm und die Rückseite 9,5 cm in der Breite beträgt. Auf der Vorderseite mit dem Cutter einen Schlitz von 19,5 cm Länge im Abstand von 2 cm vom rechten Kartenrand anbringen. Das orangefarbene, mit Zierrandschere geschnittene Papier in den Einschnitt schieben (Abbildung) und fixieren. Das Transparentpapier in der Mitte falten und in die Karte einkleben. Den Kelch nach Vorlage B1 ausschneiden, die Ränder und das Muster aufmalen. Den Schriftzug anbringen.

Menükarte

Das gelbe Papier von links 14 cm falten, den Schnitt von 20 cm Länge wie bei der Einladung einschneiden. Das orangefarbene Papier mit der Zierrandschere schneiden, in den Schnitt schieben und fixieren. Das Transparentpapier mittig falten und einkleben. Die Kordel um die Karte binden. Den Kelch nach Vorlage B1 zuschneiden, bemalen und anbringen. Peel-off fixieren.

Tischkarte

Das gelbe Papier mittig falzen, einen 8 cm breiten horizontalen Schnitt machen. Die Kante des orangefarbenen Papiers mit einer Zierrandschere schneiden, zusammen mit dem Transparentpapier in den Schlitz schieben, festkleben. Den Kelch nach Vorlage B1 arbeiten und fixieren.

Kerze

Alle Motivteile nach Vorlage B2 ausschneiden und der Abbildung entsprechend auf der Kerze anbringen.

Menu
Erika
Zur Kommunion

Material

Einladung

- Tonkarton in Blau, 23 x 18 cm
- Transparentpapier „Ähren", 19,5 x 18 cm
- Tonpapier in Dunkelblau 6 x 8 cm
- Stempel „Ähren"
- Stempelkissen, silber

Menükarte

- Tonkarton in Blau, 30 x 21 cm
- Transparentpapier „Ähren", 24,5 x 21 cm
- Tonpapier in Dunkelblau, 8 x 10 cm
- Stempel „Ähren"
- Lackstift in Silber

Tischkarte

- Tonkarton in Blau, 21 x 8 cm
- Stempel „Ähren"

Tischkerze

- Kerze in Weiß, 15 x 10 cm
- Wachsplatten in Dunkelblau, Alusilber, Blau
- Wachsstreifen in Silber, 2 mm
- Buchstaben, Zahlen in Silber, 9 mm

Kommunionskerze

- Kerze in Weiß, 40 cm, 3 cm Ø
- Wachsplatte in Dunkelblau
- Wachsstreifen in Silber, 1 mm
- Schreibfolie in Silber

Vorlagen C1, C2

Ähren und Kelch

Einladung

Das blaue Papier von links 3,5 cm und von rechts 7,5 cm einfalten. Das Transparentpapier von links 2 cm und von rechts 6 cm einfalten und auf das blaue Papier kleben. Das Ähren-Motiv auf das dunkelblaue Papier stempeln und fixieren.

Menükarte

Das blaue Papier von links 6 cm und von rechts 8,5 cm einfalten. Das Transparentpapier von links 3,5 cm und von rechts 6 cm einfalten und beides aufeinander kleben. Das Ähren-Motiv auf das dunkelblaue Papier stempeln und auf der Karte fixieren. „Menü" mit Silberschrift schreiben.

Tischkarte

Das blaue Papier links 6 cm nach vorne, rechts 6 cm nach hinten falten. Die Ähren auf den linken Teil der Karte aufstempeln, den mittleren Teil nach Abbildung beschriften.

Tischkerze

Alle Motivteile nach Vorlage C1 ausschneiden. Das Ährenmotiv als Negativform aus dem dunkelblauen Dreieck ausschneiden. Die Motive der Abbildung entsprechend auf der Kerze fixieren. Mit Silberstreifen umranden. Name und Datum anbringen.

Kommunionskerze

Ährenmotiv nach Vorlage C2 aus der blauen Platte ausschneiden und auf der Kerze anbringen. Vier 9,5 cm lange blaue Streifen in folgenden Stärken schneiden: 2x 1 mm, 1x 2 mm, 1x 1,2 cm. Zusammen mit den Silberstreifen der Abbildung entsprechend fixieren. Den Namen aus Silberstreifen formen und anbringen.

MENÜ
Manuel
andrea
SASCHA
01
05
05
Rico

Material

Einladung
- Tonkarton in Elfenbein, 30 x 21 cm
- Tonpapier in Lachs, 8 x 8 cm
- Transparentpapier „Roma" in Silber, 7 x 7 cm
- Tonkarton in Silber, 21 x 9,5 cm
- Peel-off „Einladung", „Zur Kommunion", „Taube" in Silber
- Zierrandschere

Menükarte
- Tonkarton in Elfenbein, 30 x 21 cm
- Tonpapier in Lachs, 9 x 9 cm
- Transparentpapier „Roma" in Silber, 8 x 8 cm
- Peel-off „Menü", „Taube" in Silber

Tischkarte
- Tonpapierreste in Elfenbein
- Tonpapier in Lachs, 4 x 4 cm
- Transparentpapier „Roma" in Silber, 3 x 3 cm

Kerze
- Kerze, 15 x 6,5 cm
- Wachsplatten in Dunkelgrün, Hologramm-Silber, Elfenbein
- Wachsstreifen in Silber, 2 mm
- Schreibfolie in Silber

Vorlagen D1, D2

Edles Design

Einladung
Das elfenbeinfarbene Papier in drei gleiche Teile falten. Das linke und rechte Drittel diagonal mit der Zierrandschere halbieren. Dabei die Schneidelinie mit Lineal und Bleistift vorzeichnen. Die Quadrate aus dem lachsfarbenen und dem Transparentpapier diagonal durchschneiden, übereinander kleben und auf der Karte anbringen. Schriftzüge und Tauben aufkleben. Als Einlegeblatt das silberne Tonpapier verwenden.

Menükarte
Die Menükarte ebenso arbeiten, wie bei der Einladungskarte beschrieben.

Tischkarte
Von den Resten der Einladungs- bzw. Menükarte nach Vorlage D1 die Tischkarte arbeiten. Alle weiteren Arbeitsschritte wie oben ausführen.

Kerze
Eine Platte von 12 x 7 cm in Dunkelgrün, die unteren Dreiecke in Elfenbein und die oberen in Silber nach Vorlage D2 ausschneiden und fixieren. Die Mittel-Borte in Elfenbein anfertigen. Das gesamte Motiv mit Flachstreifen umranden. Akzente mit Silberfolie setzen.

Zur Kommunion
Einladung
TIMO
Menu
Lukas
Simone
Menu

Transparent und Blau

Material

Einladung
- Karte in Königsblau, 11,5 x 18 cm
- Transparentpapier in Weiß, 22 x 9 cm
- Tonkartonrest in Grau
- Stempel „Einladung“
- Stempelkissen, transparent
- Embossingpulver in Silber
- Embossingstift, transparent
- Kordel in Silber, 75 cm

Menükarte
- Karte in Königsblau, 10 x 21 cm
- Transparentpapier in Weiß, 12 x 21 cm
- Stempel „Menü“, „Symbole“
- Stempelkissen, transparent
- Embossingpulver in Silber
- Kordel in Silber, 65 cm

Tischkarte
- Tonpapier in Königblau, 7 x 10,5 cm
- Transparentpapier in Weiß, 5,5 x 5,5 cm
- Glitterliner in Silber
- Lackstift in Silber
- Kordel in Silber, 30 cm

Materialangaben „Kerze“ siehe Seite 5.

Vorlage E1

Einladung
Das Transparentpapier mittig falten, an der oberen Kante reißen. Mit Embossingechnik den Schriftzug aufbringen. Das Transparentpapier unten auf die blaue Doppelkarte kleben. Das Kreuz nach Vorlage E1 ausschneiden, mit dem transparenten Embossingstift die Kanten nachziehen und diese mit Embossingtechnik gestalten. Das Kreuz mit einer 15 cm langen Kordel an der Karte befestigen. Die 60 cm lange Silberkordel um die Karte binden.

Farbvariante siehe Titelbild

Menükarte
Das Transparentpapier mittig falten, an der vorderen, seitlichen Kante reißen und auf die blaue Karte kleben. Die Motive und den Schriftzug jeweils mit Embossingtechnik aufbringen. Kordel um die Karte binden und verknoten.

Tischkarte
Das blaue Tonpapier von oben 3,5 cm einfalzen. Das Quadrat aus Transparentpapier diagonal reißen und die geschnittenen Kanten mit dem Glitterliner nachziehen, auf der Tischkarte fixieren. Die Karte mit dem Silberstift beschriften, die Silberkordel anbringen und verknoten.

Kerze
Eine Platte, 6 x 17 cm, in Blau und den Hologrammstreifen, 1,3 x 17 cm, ausschneiden. Die Transparentplatte mit gewellter Borte und die drei Einzel-Motive der Vorlage E2 entsprechend anfertigen und alle Teile auf der Kerze fixieren. Mit Silberstreifen umranden. Buchstaben anbringen.

Einladung
zu meiner
Konfirmation
SONJA
Thorsten
MENÜ

Moderne Farben

Material

Einladung

- Tonkarton in Fuchsia, 21 x 15 cm
- Tonkarton in Bordeaux, 17,5 x 15 cm
- Tonpapierrest in Orange
- Stempel „Einladung“
- Stempelkissen, transparent
- Embossingpulver in Gold
- Motivstanzer „Kreuz“
- Kordel in Gold, 30 cm
- Lochzange

Menü

- Tonkarton in Fuchsia, 21 x 30 cm
- Tonkarton in Bordeaux, 21 x 25 cm
- Tonpapierrest in Orange
- Stempel „Menü“
- Stempelkissen, transparent
- Embossingpulver in Gold
- Kordel in Gold, 60 cm

Anleitung und weitere Materialangaben siehe Seite 18/19.

MENÜ
MARIE

Moderne Farben

Abbildung Seite 16/17

Tischkarte
- Tonkarton in Orange, 6,5 x 20 cm
- Tonkarton in Bordeaux, 6,5 x 15 cm
- Tonpapierrest in Fuchsia
- Motivstanzer „Kreuz"
- Kordel in Gold, 25 cm
- Lackstift in Gold
- Lochzange

Tischkerze
- Kerze in Weiß, Vierkant, 20 x 6 x 6 cm
- Wachsplatten in Weinrot, Orange, Mattgold, Altrosa,
- Wachsborte „Kreuzmotiv" in Gold, 24 x 1,1 cm
- Wachsstreifen in Gold, 2 mm
- Buchstaben in Gold, 9 mm
- Schreibfolie

Kommunionskerze
- Kerze in Creme, 50 cm, 3 cm Ø
- Wachsplatten in Weinrot, Orange, Mattgold
- Wachsstreifen in Gold, 1 mm
- Zahlen, Borte wie oben

Vorlagen F1, F2, F3

Einladung

Das fuchsiafarbene Papier von beiden Seiten jeweils 5,4 cm, das bordeauxfarbene Papier von beiden Seiten 3,5 cm einfalten. Beide Papiere ineinander legen und mit einer Lochzange am oberen inneren Kartenrand vier Löcher in gleichen Abständen stanzen, die Goldkordel durchziehen. Den Schriftzug mit dem Stempel in der Embossingtechnik arbeiten. Aus dem orangefarbenen Tonpapier drei Kreuze ausstanzen und aufkleben.

Menükarte

Das fuchsiafarbene Papier von beiden Seiten jeweils 7,5 cm und das bordeauxfarbene Papier von beiden Seiten 5 cm einfalten. Mit der Lochzange fünf Löcher am oberen inneren Kartenrand stanzen und die Goldkordel über Kreuz durchziehen. Den Schriftzug mit Embossingtechnik gestalten. Die Kreuze aus dem orangefarbenen Tonpapier nach Vorlage F1 ausschneiden und aufkleben.

Für die *Tischkarte* beide Papiere in der Mitte falten, die Faltkante nochmals ca. 1,5 cm einfalzen, aber nicht knicken. Mit der Lochzange zwei Löcher einarbeiten, die Goldkordel durchziehen und verknoten. Die Tischkarte kann sowohl im Hoch- als auch im Querformat aufgestellt werden, dementsprechend beschriften und die Kreuze aufkleben.

Tischkerze

Platte in Bordeaux, 10 x 17 cm, ausschneiden, über zwei Seiten der Kerze festdrücken. Oben 10 cm Kreuzborte auflegen, die anderen Seiten der Platte mit 2 mm Flachstreifen umranden. Das Kreuz (Vorlage F2) 2-mal in Orange ausschneiden und auf der linken Kerzenseite anbringen. Darunter den Namen schreiben. Für die rechte Kerzenseite eine Platte in Rosa, 4,5 x 17 cm, ausschneiden. Einen Streifen von 0,2 x 17 cm in Bordeaux in der Mitte auflegen. Den Kelch (Vorlage F2) in Gold ausschneiden, die Konturen mit dünnen bordeauxfarbenen Streifen verzieren.

Kommunionskerze

Kreuze (Vorlage F3) in Bordeaux und in Orange ausschneiden und anbringen. Mit Goldstreifen umranden. Ähren in Gold mit der Nadel ausstechen und anordnen. Stängel und Blätter aus 1 mm Flachstreifen anbringen. Kreuzborte 5 cm über dem Motiv, das Datum unterhalb andrücken.

Fische in Grün und Blau

Abbildung Seite 20/21

Einladung

Das Wasserpapier mittig falten und auf der weißen Doppelkarte fixieren. Dabei den Wellenlauf des Transparentpapiers beachten. Die Fische nach der Vorlage G1 aus verschiedenen Farben ausschneiden, mit Glitterlinern verzieren, die Wackelaugen aufkleben und mit Abstandshaltern auf dem Wasserpapier anbringen. Unten links den Schriftzug in Blau aufstempeln.

Menükarte

Das Wasserpapier mittig falten und wie oben beschrieben auf der Doppelkarte fixieren. Auch das blaue Papier in der Mitte knicken, den Schriftzug in Silber stempeln. Den blauen Streifen an der Karte befestigen. Fische nach Vorlage arbeiten und mit Abstandshalter fixieren.

Tischkarte

Die Fische nach Vorlage in verschiedenen Farben ausschneiden, mit Glitterliner verzieren, Wackelaugen anbringen. Das weiße Papier in der Mitte falten und als Stehhilfe an der Rückseite der Fische anbringen.

Kerze

Die Marmorplatte als Ganzes auf der Kerze fixieren. Die Motive nach der Vorlage G2 ausschneiden und der Abbildung entsprechend anbringen.

Material

Einladung

- Karte in Weiß, 11,5 x 18 cm, quer
- Transparentpapier „Wasser", 15 x 18 cm
- Tonkarton in Blau, Maigrün, Dunkelgrün
- Glitterliner in Blau, Grün, Silber
- Wackelaugen, 0,6 mm Ø
- Stempel „Einladung"
- Stempelkissen, blau
- 3D-Abstandshalter

Menükarte

- Karte in Weiß, 10 x 21 cm
- Transparentpapier „Wasser", 20 x 21 cm
- Tonpapier in Blau, Maigrün, Dunkelgrün
- Glitterliner in Blau, Grün, Silber
- Wackelaugen, 0,6 mm Ø
- Tonpapier in Blau, 6 x 21 cm
- Stempel „Menü"
- Stempelkissen, silber
- 3D-Abstandshalter

Abbildung und weitere Materialangaben siehe Seite 20/21.

Fische in Grün und Blau

Tischkarte

- Tonkarton in Blau, Dunkelgrün, Maigrün
- Tonkarton in Weiß, 3,5 x 8 cm
- Glitterliner in Blau, Grün, Silber
- Wackelaugen, 0,6 mm Ø

Kerze

- Kerze in Weiß, 40 x 4 cm
- Wachsplatten in Marmorblau, 20 x 10 cm, Maigrün, Dunkelgrün, Dunkelblau, Silbermatt
- Wachsstreifen in Silber, 1 + 2 mm, Perlstreifen, 2 mm
- Schreibfolie in Silber
- Wachslack

Anleitung siehe Seite 19.

Vorlagen G1, G2

LARS
Nicole
Menü

Material

Einladung

- Karte in Bordeaux, 11,5 x 18 cm
- Karte in Rosa, 11,5 x 18 cm
- Büttenrandschere
- Glitterliner in Silber
- Peel-off „Einladung", „Zur Konfirmation", „Fische" in Silber
- Kordel in Silber, 60 cm

Menükarte

- Tonkarton in Bordeaux, 30 x 21 cm
- Tonkarton in Rosa, 30 x 21 cm
- Tonpapier in Bordeaux, 14,8 x 21 cm
- Glitterliner in Silber
- Stempel „Menü"
- Stempelkissen, transparent
- Embossingpulver in Silber
- Kordel in Silber, 50 cm
- Lochzange

Tischkarte

- Tonkarton in Bordeaux, 15 x 10,5 cm
- Tonkarton in Rosa, 15 x 10,5 cm
- Glitterliner in Silber
- Kordel in Silber, 30 cm

Materialangaben „Kerze" siehe Seite 32.

Vorlage H1

Edel & festlich

Einladung

In die Faltkante der beiden Karten Zacken schneiden (Vorlage H1), die Zacken mit Glitterliner nachziehen. Von der äußeren Karte den seitlichen Rand ca. 1,5 cm mit einer Büttenrandschere abschneiden. Fische und Schriftzüge aufkleben. Die Silberkordel in die Karte einlegen und verknoten.

Menükarte

Die beiden Bögen jeweils 7,5 cm nach vorne und 7,5 cm nach hinten falten. Zacken in das bordeauxfarbene Papier einschneiden und diese mit Glitterliner nachziehen. Die zwei großen und den kleineren Bogen ineinander legen, mit einer Lochzange zwei Löcher stanzen, die Kordel durchziehen und verknoten. Dann den Schriftzug „Menü" in Embossingtechnik arbeiten.

Tischkarte

Beide Karten in der Hälfte falten. Zacken (Vorlage H1) und Glitterliner wie gehabt handhaben. Die beiden Kärtchen versetzt aufeinander kleben und in der ersten Zacke mit der Kordel verknoten.

Kerze

Die Motive nach der Vorlage ausschneiden und der Abbildung entsprechend auf der Kerze fixieren.

Menü
LISA
27
03
05
Benjamin
Einladung
zur
Konfirmation

Einfach & originell

Material

Einladung

- Tonkarton in Apricot, 10,5 x 30 cm
- Tonpapier in Blau, 10,5 x 15 cm
- Tonpapierrest in Dunkelblau
- Stempelkissen, blau
- Schwamm
- Peel-off „Einladung", „Zur Kommunion"

Menü

- Karte in Apricot, 15 x 21 cm
- Vliesband in Blautönen, 13 x 19 cm
- Gitterband in Silber, 10 x 17 cm
- Transparentpapierrest in Weiß
- Stempelkissen, blau
- Schwamm
- Peel-off „Menü" in Silber
- 3D-Abstandshalter

Tischkarte

- Tonkartonrest in Apricot
- Stempelkissen, blau
- Schwamm

Kerze

- Kerze in Weiß, 50 cm, 3 cm Ø
- Wachsplatten in Alusilber, Apricot, Blau
- Wachsstreifen in Silber, 1 mm, Perlstreifen, 2 mm
- Schreibfolie in Silber
- Wachslack

Vorlagen J1, J2
24

Einladung

Das apricotfarbene Papier von jeder Seite 7,4 cm nach innen falzen. Die Fischschablone nach Vorlage J1 arbeiten, auf die Karte legen und mit dem in blauer Stempelfarbe getränkten Schwamm den Rand abtupfen. Das blaue Papier innen in die Karte einkleben. Aus dem dunkelblauen Papier den Fisch nach der Vorlage ausschneiden, auf der Karte anbringen, den Schriftzug fixieren.

Menükarte

Die Doppelkarte mit dem Vliesband bekleben, das Gitterband auflegen. Aus Transparentpapier und apricotfarbenem Papier die Fische ausschneiden. Den apricotfarbenen Fisch mit dem getränkten blauen Schwamm betupfen und auf den größeren aufkleben. Den fertigen Fisch mit 3D-Abstandshalter auf dem Gitterband bzw. Vlies anbringen.

Tischkarte

Den Fisch nach der Vorlage ausschneiden, mit dem getränkten blauen Schwamm betupfen. Einen kleinen Aufsteller, ca. 5 x 5 cm, in gleicher Farbe anbringen.

Kerze

Die äußere Form nach der Vorlage J2 in Apricot, die innere in Blau ausschneiden, aufeinander legen, auf der Kerze anbringen und mit 1 mm Streifen umranden. Die beiden Fische in Silber ausschneiden, die Konturen mit der Nadel anritzen. Das Kreuz aus je zwei Perlstreifen, die obere Borte und die Namensborte anbringen. Den Namen aus selbst gefertigten Buchstaben mit 1 mm breiten blauen Streifen in die Borte setzen.

Einladung
Zur Kommunion
Rebecca
Menü
Lars

Material

Einladung

- Passepartoutkarte in Dunkelrot, 10,5 x 15 cm
- Tonpapier in Blau, 7 x 7 cm
- Tonpapier in Silber matt, 5,4 x 5,4 cm
- Transparentpapier „Einladung“, 5 x 5 cm
- Peel-off „Kreuz“ in Silber
- Glitterliner in Silber
- Satinband in Blau, 60 cm

Menükarte

- Doppelkarte in Dunkelrot, 15 x 21 cm
- Tonpapier in Silber, 8,5 x 8,5 cm
- Tonpapier in Blau, 7,5 x 7,5 cm
- Transparentpapier „Menü“, 7 x 7 cm
- Peel-off „Kreuz“ in Silber
- Satinband in Blau, 90 cm

Tischkarte

- Tonpapier in Dunkelrot, 6,5 x 6,5 cm
- Tonpapier in Blau, 4,5 x 4,5 cm
- Tonpapier in Silber, 4 x 4 cm
- Transparentpapier in Weiß, 3,5 x 3,5 cm
- Stift in Blau

Materialangaben „Kerzen“ siehe Seite 32.

Schlichte Eleganz

Einladung

Das blaue Quadrat von hinten in den Passepartoutausschnitt kleben. Die beiden anderen Quadrate von vorne aufkleben. Das Kreuz mit Glitterliner auf blaues Papier zeichnen und mit einem Rand von ca. 2 mm ausschneiden. Den Passepartout-Rand mit Glitterliner nachziehen, Punkte aufmalen. Das Satinband um die Karte binden und verknoten.

Menükarte

Alle Quadrate der Größe nach übereinander kleben und als Raute auf der Karte anbringen. Punkte und Linien mit Glitterliner aufmalen. Ein Kreuz, wie bei der Einladung beschrieben, gestalten. Satinband um die Karte binden.

Für die *Tischkarte* alle Quadrate der Größe nach auf das rote Papier kleben. Den Rand mit Glitterliner nachziehen. Eine Stehhilfe anfertigen und so anbringen, dass die Tischkarte auf einer Ecke stehen bleibt.

Tischkerze

Die drei Quadrate nach Vorlage K1 ausschneiden, als Raute auf der Kerze andrücken. Mit Silberstreifen umranden. Das Kreuz in Blau ausschneiden, das innere Kreuz aufzeichnen und mit 2-mm-Streifen gestalten. In der Mitte anbringen. Aufschrift fixieren.

Kommunionskerze

Die Motive nach der Vorlage K2 ausschneiden und auf der Kerze anbringen.

Michael
Menü
Sarah

Material

Einladung

- Karte in Flieder, 10,5 x 14,8 cm
- Tonpapierrest in Lila, 3 x 9 cm, in Rosa, 4 x 10 cm
- Blütenstanzer
- Bastelsand in Lila, Rosa
- Doppelseitige Klebefolie
- Glitterliner in Silber
- Stempel „Einladung"
- Stempelkissen, silber

Menükarte

- Doppelkarte in Flieder, 11,5 x 18 cm
- Tonpapierrest in Rosa, 2x 4 x 4 cm, in Lila, 4 x 4 cm
- Peel-off „Menü" in Silber
- Blütenstanzer
- Doppelseitige Klebefolie
- Kordel in Silber, 80 cm

Tischkarte

- Tonkarton in Flieder, 12 x 10,5 cm
- Lackstift in Silber
- weiteres Zubehör s.o.

Kerze

- Kerze in Weiß, 20 x 8,5 cm
- Wachsplatten in Lila, Rosa, Flieder, Weiß, irisierendem Silber
- Wachsstreifen in Silber, 1 + 2 mm
- Buchstaben, Zahlen in Silber, 9 mm
- Schreibfolie in Silber
- Wachslack

Vorlage L

Blütenzauber

Einladung

„Einladung" auf das lila Papier stempeln, auf das rosafarbene Papier aufkleben und auf der Karte anbringen. Aus der doppelseitigen Klebefolie drei Quadrate, je 3 x 3 cm, schneiden, aufkleben und den oberen Teil der Klebefolie über Eck zur Hälfte abziehen und knicken. Die klebrige Seite mit lila Bastelsand bestreuen. Den übrigen Sand abschütten. Die andere Seite des Quadrates mit rosafarbenem Bastelsand gestalten. Die Blumen ausstanzen und mit einem Falzbein in Form ziehen. Die kleine auf die große Blüte stecken. Die Blüten anbringen und das Blumeninnere mit Glitterliner verzieren.

Menükarte

Alle drei Quadrate mit 3,7 cm Abstand vom linken und rechten Rand auf die Karte kleben. Den Schriftzug auf dem lilafarbenen Quadrat fixieren. Die selbstklebende Folie auf 3 x 3 cm zuschneiden und auf die rosafarbenen Quadrate kleben. Die Klebefläche mit lila Bastelsand bestreuen. Blüten anbringen. Kordel in die Karte legen und festbinden.

Tischkarte

Das Papier in der Mitte falten. Wie oben beschrieben gestalten. Mit Glitterliner beschriften.

Kerze

Die Motive nach der Vorlage L ausschneiden und der Abbildung entsprechend auf der Kerze anbringen.

KARIN
16.05.04
Simon
Menü
EINLADUNG

Arrangement in Silber und Blau

Material

Einladung
- Karte in Dunkelblau, 11,5 x 18 cm
- Strohseide in Hellblau, 10 x 17 cm
- Lochkarton in Silber, 7 x 8 cm
- Karte „Fisch“
- Stempel „Einladung“
- Stempelkissen, transparent
- Embossingpulver in Silber
- Pinsel

Menükarte
- Doppelkarte in Dunkelblau, 15 x 21 cm
- Strohseide in Hellblau 13,5 x 20 cm
- Lochkarton 9,5 x 11,5 cm
- Karte „Fisch“
- Stempel „Menü“
- weitere Materialien wie oben

Tischkarte
- 2 Japanservietten in Nachtblau
- Tüllband in Silber, 25 cm
- Fotokarton in Silber
- Satinband in Nachtblau, 30 cm
- Silberdraht, 10 cm
- Süßigkeit
- Stift in Dunkelblau

Materialangaben „Kerzen“ siehe Seite 32.

Vorlage M1

Einladung
Auf der Strohseide ca. 1 cm vom Rand mit einem nassen Pinsel die Reißlinie nachziehen und die Schnittkanten ausfransen. Strohseide, Lochkarton und Motivkarte aufkleben. Den Schriftzug aufbringen, wie bei Embossingtechnik beschrieben.

Die *Menükarte*, wie bei der Einladungskarte beschrieben, gestalten.

Tischkarte
Das Tüllband und die zwei Japanservietten versetzt aufeinander legen, die Süßigkeit in der Mitte platzieren und alles mit dem Satinband zusammenbinden. Den Fisch nach der Vorlage M1 aus Fotokarton ausschneiden und beschriften. Den Draht zum Verzieren nach Belieben anbringen.

Tischkerze
Eine enzianfarbene Platte, 18 x 8 cm, auf die Kerze legen und mit 2 mm Flachstreifen umranden. Eine silberne Platte mit Wabenmuster, 12 x 6,5 cm, ausschneiden und in Höhe von 5,5 cm anbringen. Für das Fisch-Motiv die Wachsplatten in Weiß, Nachtblau und Hellblau nach Vorlage M2 gestalten. Die Angelschnur aus 1-mm-Wachstreifen formen. Mit Silberfolie Wellen auf die hellblaue Platte zeichnen. Buchstaben und Zahlen anbringen.

Kommunionskerze
Die Motive nach der Vorlage M2 ausschneiden und der Abbildung entsprechend auf der Kerze anbringen. Mit Silberstreifen umranden. Wellenlinien fixieren. Die obere Borte aus zwei Streifen zu 2 mm fertigen. Buchstaben anbringen.

DANIEL
24.04.05
Menü
Heinz
TIMO

Impressum

ISBN-13: 978-3-419-56655-8
ISBN-10: 3-419-56655-7

2. Auflage 2006

Styling und Fotos:
Roland Krieg, Waldkirch

Layoutentwurf:
Network!, München

Coverrealisierung:
smp, Freiburg

Satz:
art und weise, Freiburg

Druck:
Freiburger Graphische Betriebe

Wir sind für Sie da, wenn Sie Fragen haben.
Und wir interessieren uns für Ihre eigenen Ideen und Anregungen.
Schreiben Sie uns, wir hören gern von Ihnen!
Ihr Christophorus-Team

Verlag Herder GmbH
Christophorus-Verlag
Hermann-Herder-Str. 4
79104 Freiburg
Tel.: 0761/2717-0
Fax: 0761/2717-352
e-mail:
info@christophorus-verlag.de
www.christophorus-verlag.de

Profi-Tipps der Autorinnen

Alle Bänder oben an den Karten verknoten, damit das Band weich nach unten fallen kann. Am Kordelende im Abstand von 1 bis 2 cm immer einen Knoten arbeiten, den Rest ausfransen.

Die jeweils zum Set passende Tischdekoration lässt sich schnell und einfach herstellen. Dazu das jeweilige Motiv, wie z. B. Fisch, Kreuz oder Taube, auf Tonpapierreste der passenden Farbe übertragen, ausschneiden und eventuell mit Lackstift verzieren. Dasselbe gilt für gestempelte Motive (z. B. Ähren) oder Peel-off-Motive (z. B. Fische).

Material „Kerze" S. 22/23

- Kerze in Weiß, 15 x 12 x 5 cm
- Wachsplatten in Rot, Rosa, Weinrot, irisierendem Silber
- Wachsstreifen in Silber, 1 mm
- Schreibfolie in Silber
- Buchstaben, Zahlen in Silber, 9 mm
- Wachslack

Vorlage H2

Material „Kerzen" S. 26/27

Tischkerze

- Kerze in Weiß, Vierkant, 15 x 6 cm
- Wachsplatten in Dunkelrot, Blau, Transparent
- Wachsstreifen in Silber, 1 + 2 mm
- Aufschrift in Silber

Kommunionskerze

- Kerze in Creme, 50 cm, 3 cm Ø
- Wachsstreifen in Silber, 2 mm, Perlstreifen in Silber, 2 mm
- Weiteres Material wie oben

Vorlagen K1, K2

Material „Kerzen" S. 30/31

Tischkerze

- Kerze in Weiß, 20 x 10 cm
- Wachsplatten in Silber „Wabe", Enzian, Nachtblau, Weiß, Hellblau, Silber antik
- Wachsstreifen in Silber, 1 + 2 mm
- Buchstaben, Zahlen in Silber, 9 mm
- Schreibfolie in Silber
- Wachslack

Kommunionskerze

- Kerze in Weiß, 40 cm, 4 cm Ø
- Wachsplatten in Marmorblau, Silber, Enzian, Nachtblau, Weiß
- Wachsstreifen in Silber, 1 + 2 mm
- Buchstaben in Silber, 9 mm
- Wachslack

Vorlage M2